(Les cerises renversées sont de M^elle Elisabeth-Sophie Chéron.)

# BATRACHOMYOMACHIE D'HOMERE,

## OU

## COMBAT DES RATS

## ET DES GRENOUILLES.

### EN VERS FRANÇOIS.

*Par le Docteur* JUNIUS BIBERIUS MERO.

**A PARIS,**
Chez PIERRE-FRANÇOIS GIFFART, ruë
S. Jacques, à l'Image Sainte Therese.

**M. DCC. XVII.**
*Avec Approbation & Privilége du Roy.*

# A MONSIEUR DE PLIMON.

Monsieur,

*Vous serez peut-être surpris, qu'un Enfant en maillot vous dédie un Livre, & fasse icy le Sçavant. Mais, MONSIEUR, la même Muse, qui a sçû faire parler les Rats & les Grenoüilles, n'a-t-elle pas bien eû le pouvoir de délier la langue d'un Enfant de deux mois, & de luy faire dire des choses aussi graves & aussi sérieuses que celles que je vais vous dire ?*

*N'en doutez point, MONSIEUR ; c'est cette Muse, oüi c'est cette même Muse qui m'a appris à parler. Je dormois. Une grande femme,*

# EPITRE.

*plus grande deux fois que ma Nourrice, m'a apparu, m'a donné à tetter, m'a chanté je ne sçay quel air; & je me suis senti tout d'un coup transformé en Sçavant, mais en Sçavant capable de le disputer au celebre Mathanasius.*

Connois ton bonheur, m'a-t-elle dit. Un Enfant illustre, qui a pour Mere une Héroïne, dont le Pere est le Solon & le Lycurgue de son siecle; un Enfant dont la naissance a été celebrée par les Muses; qui n'a que quatre ans, & qui court déja à grands pas après ses freres aînez, brûlant du desir de les atteindre, & de devancer de bien loin tous ses égaux; l'aimable petit frere de l'incomparable CLAIRE THERESE; Plimon enfin, daigne t'associer à ses études. Hâte-toy de luy marquer ta reconnoissance, & de meriter son estime. Je vais t'éclairer l'esprit, dégager ta langue des liens qui l'embarrassent, & faire tomber de dessus tes yeux le nuage qui les offusque.

*A ces mots, elle disparoît. Je m'éveille en sursaut, & je trouve sur mon oreiller un gros Porte-feüille. Je l'ouvre, & je lis,* BATRACHOMYOMACHIE, OU COMBAT DES RATS ET DES GRENOUILLES, POÈME HEROÏQUE.

# EPITRE

Ce titre me charme tout d'abord. Mais ç'a été bien autre chose, quand je me suis mis à lire. Vous ne sçauriez vous imaginer, MONSIEUR, combien j'ay été enchanté des merveilles que j'ay vûës dans cet admirable Ouvrage. Je suis persuadé que vous ne le serez pas moins, sur-tout à certains endroits, qui m'ont paru magnifiques. Je prens la liberté de vous l'envoyer. Mais en même temps, MONSIEUR, je vous supplie instamment de ne pas dire à mon Pere, que je vous l'aye communiqué. Il ne me pardonneroit jamais ma hardiesse, luy qui a trouvé mauvais qu'on ait publié ce Poême il y a quelques années tel qu'il l'avoit fait dans sa premiere jeunesse. J'avouë entre vous & moy, que dans le Manuscrit original, que j'ay trouvé sur mon chevet, & d'après lequel l'Edition de Hollande pourroit bien avoir été faite, il y a quelques vers foibles, & des expressions qui ne me paroissent pas assez nobles. Mais comme j'en ay été choqué, & que j'ay bien prévû que la délicatesse de votre goût ne s'en accommoderoit pas, j'ai tâché, à l'aide de la Muse Batrachomyomachique, que j'ai appellée à mon secours, de donner de la force aux vers qui en manquoient, & de la noblesse aux expressions trop communes.

# EPITRE.

*Je joins à ce Poëme, celui des* Cerises renversées, *auquel je me suis abstenu de rien changer. Quelques-uns prétendent que cette Piece est de feuë ma Tante. Mais moy, je la crois être de Calliope; & il ne nous est pas permis, à nous autres petits Mortels, de toucher aux Ouvrages des Muses.*

*Voilà,* MONSIEUR, *tout ce que je puis vous offrir presentement; heureux si par ces premices je puis vous donner quelque idée de ce que l'ardeur de vous plaire me fera entreprendre dans un âge plus avancé.*

*Je suis, avec le plus profond respect,*

MONSIEUR,

De Ruel
le 30. de Sept. 1717.

Votre tres-humble & tres-
obëïssant serviteur,
CAMILLE TARAISE.

# BATRACHOMYOMACHIE D'HOMERE,
## OU
# COMBAT DES RATS
## ET DES GRENOUILLES.

UITTEZ & l'Helicon & les Monts du Parnaſſé,
Deſcendez dans mon ſein, ſecondez mon audace;
Muſes: je veux chanter un horrible combat.
Vous, Mortels, apprenez comment le Peuple Rat
Juſque chez la Grenoüille oſa porter la guerre,
Et marcha ſur les pas des Enfants de la Terre.

Un jeune Aventurier, de la race des Rats,
Un jour, trompant les yeux & l'adreſſe des Chats,
Vint, pour calmer ſa ſoif, au bord d'un marécage.
Qui va-là? que fais-tu, Mortel, ſur ce rivage?

( Luy crie un Habitant du limonneux séjour. )
Où vas-tu ? d'où viens-tu ? qui t'a donné le jour ?
Sois sincere ; à ce prix ma Maison t'est ouverte ;
Accepte, digne Ami, la foy qui t'est offerte.
De l'hospitalité je sçay quels sont les droits.
Je suis Bouffard. Ces bords sont soumis à mes loix.
L'Eridan m'a vû naître, & regner sur sa rive.
J'eus pour pere Fossard. Ma mere est Aquavive.
Mais toy, quel est ton nom, ta naissance, ton rang ?
Parle. Déja ton front de ton cœur m'est garant.
Ce port majestueux, les traits de ton visage
N'ont rien qui d'un Heros ne me trace l'image.

Mon nom, ce nom fameux, des Dieux même connu,
N'est donc point, dit le Rat, jusqu'à toy parvenu?
Je suis ce Psicharpax, qui né dans l'opulence,
De figues & de noix vis nourrir mon enfance.
Mon Pere, Roy des Rats, est le grand Rodilard :
J'ay pour mere Trottine, & pour ayeul Pansard :
Tu parles d'amitié. Mais d'humeur si diverse,
Pourrions-nous être unis par cet étroit commerce ?
Vous vivez sous les eaux dans un séjour fangeux.
Je vis chez les Humains, je converse avec eux.

Jamais Enfant des Rats, d'une adresse pareille,
Ne trouva le biscuit dans la ronde corbeille,
Ny le friand gâteau, dont les divers replis
Sont d'un jus succulent enyvrez & remplis ;
Ny du jambon salé la delicate tranche ;
Ny du foye en ragoût la robe molle & blanche ;
Ny ce pain que l'on fait d'un miel délicieux,
Ce pain tendre & sucré, cheri même des Dieux ;
Ny le fromage mou, dont la douceur extrême
Rassemble les douceurs du lait & de la crême.
Tout ce qu'en cent façons, par un art enchanteur,
Chaque jour à grands frais assaisonne un Traiteur,
Sans cesse offre à mon goût de nouvelles délices :
J'en exige des droits, j'en goûte les prémices.
Pour brave, je le suis. Dans les travaux de Mars
On m'a vû mille fois affronter les hazards,
Percer des murs épais, & forçant vingt barrieres
De l'Empire des Rats étendre les frontieres.
L'hôme est grand : tout le craint : seul je ne le crains pas.
Souvent jusqu'à son lit j'ose porter mes pas :
Souvent, lorsqu'en repos sur la plume il sommeille,
J'ose insulter son front, sa jouë, ou son oreille.

Je l'avoüé entre nous : deux objets me font peur ;
L'impetueux Vautour, & le Piege trompeur.
Mais plus que le Vautour, plus même que le Piege,
Je crains le Chat, le Chat qui sans cesse m'assiege ;
Qui jusque dans nos murs me cherche, me poursuit,
Et d'un œil vigilant m'observe jour & nuit.
Je hai l'odeur du chou, je laisse à la Grenoüille
Et le persil amer, & la fade citroüille.
Ces mets.... Vous vantez trop les douceurs du manger,
Seigneur ( répond Bouffard au superbe Etranger )
Sur de solides biens le vray bonheur se fonde.
Notre Empire s'étend sur la Terre & sur l'Onde :
L'un & l'autre Element nous offre un libre accés :
Nous marchons, nous nageons avec pareil succés.
Je veux vous le prouver par une illustre marque :
Passons ce Lac ; mon dos vous servira de barque.
Bien-tôt avec plaisir vous verrez mon Palais.
Mais, de peur de tomber dans le sein du Marais,
Prince, tenez-vous bien. Cela dit, il s'avance.
Psicharpax sur son dos legerement s'élance,
L'accolle, & de ses bras le serre étroitement.
D'abord, le cœur charmé d'un doux ravissement ;

Il voguoit prés des bords sans crainte du naufrage.
Mais quand loin de ses yeux il vit fuir le rivage,
Quand les flots en fureur coururent sur son dos,
Plus troublé que la vague, il n'eut plus de repos.
O qu'un prompt repentir luy fit verser de larmes !
Qu'il trembla, qu'il gémit en proye à ses alarmes !
Que d'inutiles vœux vers le Ciel adressez !
Que de soupirs ardents vers la terre poussez !

 Dans les flots cependant de plus en plus il entre.
Ses pieds froids & tremblants se cachent sous son ventre
Sa queuë en ce peril ose encore ramer,
Et, caressant les flots, tâche de les calmer.
Il ouvre enfin la bouche, & d'une voix plaintive,
Quand prétends-tu ( dit-il ) surgir à l'autre rive,
Pâle habitant des eaux, dont le corps jaunissant
Fend des flots écumeux le cristal blanchissant ?
Telle Europe autrefois, mais avec moins de peine,
De la mer de Sidon courut l'humide plaine ;
Et tel, mais plus paisible, un amoureux Taureau
Sçut porter jusqu'en Créte un si charmant fardeau.

 A ces mots un Serpent, monstre énorme & terrible,
S'éveille, & sur les eaux dresse son col horrible.

A iij

Bouffard, tremblant & pâle à l'aspect du danger,
S'échappe, se dérobe au timide Etranger.
La rive offre à sa fuite une grotte profonde.
Psicharpax, resté seul, tombe étendu sur l'Onde.
L'infortuné s'épuise en efforts superflus :
Il se perd, il revient, on ne l'aperçoit plus,
Il reparoît encore. Il n'est rien qu'il ne tente :
Il gémit, il murmure, il crie, il se tourmente,
En vain. D'un promt trépas rien ne le garantit.
Sous son poil inondé son corps s'apesantit ;
Sa force l'abandonne, il expire, il enfonce.
Mais quel est le discours qu'en mourant il prononce ?

N'espere pas ( dit-il ) cacher ton crime aux Dieux,
Cruel. Un œil vengeur voit tout du haut des Cieux.
Vivant écuëil, tu ris de mon triste naufrage.
Sur terre tu craignois d'éprouver mon courage.
Mieux que toy j'aurois sçû lutter, sauter, courir.
Ma valeur sur les eaux ne peut me secourir.
Mais je seray vengé. Les Rats sçauront ton crime ;
Et toi-même dans peu tu seras ma victime.

Icy, fermant sa bouche & tranchant ses discours,
Un flot injurieux termine ses beaux jours.

Lécheplat, qui de l'œil avoit suivi son Maître,
Entend ses cris, accourt, & le voit disparoître.
Éperdu, desolé, sans force & sans couleur,
Il court au Peuple Rat annoncer ce malheur.
Son recit cause à tous une douleur amere,
Et tous sont transportez d'une ardente colere.

 Bien-tôt la Renommée & la voix des Herauts
Assemblent chez le Roy les Etats generaux.
L'alarme se répand. Déja dans la Province
On fait sçavoir par-tout, que Haut & Puissant Prince,
Psicharpax, froid, sans vie, étendu sur le dos,
Erre loin du rivage à la mercy des flots,
Et qu'au milieu du Lac son corps tournoye encore.

 Les Etats assemblez, au lever de l'Aurore,
Rodilard, de ses pleurs interrompant le cours,
Se leve le premier, & leur tient ce discours.

 Seigneurs, quoy qu'aujourd'huy perdant un fils unique,
Je sois seul outragé par la gent aquatique,
Mon malheur toutefois est celuy de l'Etat.
Que je suis malheureux ! J'avois trois fils. Un Chat
Me ravit le premier à ma porte, à ma vûë.
Le second, rencontrant une embûche imprévûë,

Que l'on apelle Piege, écuëil fatal aux Rats,
Par des hommes cruels fut conduit au trépas.
Le dernier m'étoit cher, aussi-bien qu'à la Reine.
Il flotte maintenant sans pouls & sans haleine,
Séduit par les discours d'un perfide étranger.
Mais ça, mes chers amis, songeons à nous venger.
Il faut verser du sang, non d'inutiles larmes.
Armons-nous. Aussi-tôt chacun courut aux armes.
L'air retentit de cris : le Demon des combats
D'acoutrements guerriers arma ces fiers Soldats.

 La botte, dont la jambe avant tout est couverte,
De légumes nouveaux est la dépoüille verte.
Sous un superbe toit, dans l'ombre de la nuit,
Ils en avoient mangé le doux & tendre fruit.
De poussiere & de sang la cuirasse émaillée,
Sur la peau d'un vieux Chat en plein cuir fut taillée.
Des lampes, qui d'un Temple éclairoient les piliers,
Leur fournissent à tous d'énormes boucliers.
De plumets éclatants leur tête empanachée,
Sous des coques de noix est à demi cachée.
Ils ont de longs poinçons pour piques & pour dards;
Funestes instruments de la rage de Mars.

Ainſi furent armez ces Guerriers intrepides.
Le bruit en vint bien-tôt juſqu'aux voûtes liquides.
L'humide Nation ſortit du ſein des eaux,
Et tint conſeil de guerre à l'abri des roſeaux.
Au moment qu'alarmez de ce nouveau tumulte,
Avec émotion on en parle, on conſulte ;
Le fils de Fromager, le grave Marmitaut
Vient, un ſceptre à la main, en habit de Heraut,
Crier à haute voix, que par mer & par terre,
De par le Peuple Rat il déclare la guerre
Au Peuple de ces bords, qui ſous le fier Bouffard
Ont vû perir le Fils du triſte Rodilard.

Dans les cœurs à ces mots les alarmes redoublent :
Les plus audacieux s'affligent & ſe troublent.
On murmure tout bas de l'attentat commis.
Enfin Bouffard ſe leve, & dit : Mes chers amis,
Je ne ſuis point l'auteur du forfait qu'on m'impute.
Sans doute ce Heros, dont on pleure la chute,
Badinoit ſur nos bords, ou d'un eſprit jaloux
S'efforçoit follement à nager comme nous.
Il s'eſt perdu, flatté d'un vain deſir de gloire ;
Et l'on m'oſe accuſer d'une action ſi noire.

Ah ç'en est trop : je cede à mon juste dépit :
Vengez-vous, vengez-moy de ce peuple maudit.
Qu'on s'arme. Vous diray-je un dessein que m'inspire
Le Ciel, qui toujours veille au bien de cet Empire?
D'une armure legere il faut couvrir nos corps.
Après cela, cachez au plus haut de nos bords,
De pied ferme attendons l'assaut des bandes noires.
S'ils osent s'avancer jusqu'à ces promontoires,
Qu'on saisisse aussi-tôt quiconque approchera.
L'ennemy tout armé dans l'eau trebuchera.
Nageant mal, comme on sçait, sa valeur étoufée
Nous fournira bien-tôt un superbe trofée.

Ainsi parla Bouffard. Le murmure cessa,
Et chacun à s'armer aussi-tôt s'empressa.
De mauves seulement les jambes sont couvertes :
Le corps est renfermé dans des écorces vertes :
Les écus, les pavois sont des feüilles de chou :
Une coquille cache & la tête & le cou :
Des joncs, piquants & longs, leur tiennent lieu de lance.
Enfin, d'un cri guerrier animant leur vaillance,
Ils se postent au haut des humides remparts,
Et branlent fierement leurs effroyables dards.
Jupiter,

Jupiter, qui voit tout, voit aussi ce miracle.
Il appelle les Dieux à ce nouveau spectacle.

O Dieux (dit-il) voyez ces escadrons nombreux ;
De ces fiers Combattants admirez l'air affreux,
La taille, le maintien, & l'armure & l'audace.
Tel Mars va parcourant les campagnes de Thrace ;
Tels on vit autrefois les Titans orgueïlleux,
Ou du fier Ixion les Enfants sourcilleux.
Mais enfin qui de vous (parlez, Troupe immortelle)
Qui de vous prend parti dans la noble querelle ?
Qui descendra des Cieux ? Sera-ce toy, Pallas ?
Cours, vole. C'est à toy de défendre les Rats.
Zélez, ils prennent part à tous tes sacrifices ;
A l'odeur de tes mets ils trouvent des délices ;
Autour de tes autels ils dansent chaque jour,
Et leur Roy dans ton Temple a fixé son séjour.

Ah Seigneur ! croyez-vous (luy répond la Déesse)
Que pour mes ennemis ma valeur s'intéresse ?
De quel front pourroient-ils implorer mon secours,
Eux, dont l'im..ité m'insulte tous les jours ?
Par quels autr.. voit-on mes couronnes brisées,
Mes autels p.. anez, mes lampes épuisées ?

B

Les traîtres! Quand je pense à leur dernier forfait,
Je fremis. Apprenez l'outrage qu'ils m'ont fait.
De fin lin & de soïe une robe tissuë,
Depuis peu par moi-même & taillée & cousuë,
Etoit pour les beaux jours mon plus riche ornement.
Ils ont de mille trous percé ce vêtement.
Jugez de ma douleur. Pour comble d'infortune
Un Marchand incivil me presse, m'importune,
Et me parlant déja d'injustes interêts,
De la soie & du lin m'exagére les frais.
Je ne puis m'en défendre: il faut le satisfaire.
Après cela, les Rats ont-ils droit de me plaire?
 Toutefois, dans l'ardeur que j'ay de me venger,
Du contraire parti je ne puis me ranger.
L'insolente Grenoüille a mérité ma haine.
L'autre jour d'un combat revenant hors d'haleine,
J'eus besoin de repos. Je crus que loin du bruit
Dans les bras du sommeil j'allois passer la nuit.
Mais non. Des bords voisins mille cris s'élevérent:
Le Sommeil, le Repos à ce bruit s'envolérent.
Cent fois dans mon dépit je souhaitay le jour,
Dont un coq à la fin m'annonça le retour.

D'ailleurs, vous le sçavez, leur fureur est extrême.

De près ils oseroient attaquer un Dieu même.

Evitons de leurs dards les coups audacieux,

Et voyons leurs combats sans descendre des Cieux.

Minerve enfin se tût. Tous les Dieux applaudirent,

Et tous, pour regarder, en un lieu se rendirent.

Cependant deux Herauts, marchant d'un pas égal,

S'avancent hors des rangs, & donnent le signal.

De Moucherons hardis une troupe bruyante

Fait retentir par tout la trompette effrayante.

D'autre part Jupiter dans le vague des airs

Roule à grand bruit son char, fait briller mille éclairs;

Avant-coureurs affreux des sanglantes batailles,

Et présages certains d'illustres funérailles.

Criardin avant tous sçût signaler son bras :

Par luy le noir Rapin, illustre entre les Rats,

Sous le foie est atteint d'une vive blessure,

Et dans le lac fangeux soüille sa chevelure.

Bourbin est attaqué par le fier Rongesac,

Qui d'un horrible coup luy perce l'estomac.

Il tombe : la douleur luy coupe la parole;

La mort ferme ses yeux, & son ame s'envole.

Marmitaut est blessé par le verd Saladin.

Rongepain d'un grand coup renverse Criardin,

Qui, noyé dans son sang, sur le rivage expire.

Le vaillant Dumarais à cet aspect soupire :

Il court vers Rongesac, luy lance un dur caillou,

Le frappe sous l'oreille, & luy brise le cou.

Rongesac renversé ne voit plus la lumiere :

Son trépas est vengé par la Rodilardiere.

Ce valeureux Guerrier court après le Vainqueur :

Il l'observe, il l'atteint, & luy perce le cœur.

Rongechou, le voyant, se dérobe au plus vîte,

Et du haut de la rive en bas se précipite :

Il veut se garantir d'un combat inégal :

Mais il est poursuivi jusqu'au séjour natal ;

Il reçoit sous les eaux une atteinte cruelle,

Et ne peut relever de sa chute mortelle.

Le corps reste étendu le long des bords voisins ;

L'Onde est teinte de sang; les flancs, les intestins

Battent long-tems après. L'Etang sur le rivage

Fait mordre la poussiere au grand Creusefromage.

Crapaudin, à l'aspect du vaillant Desjambons,

Est saisi de frayeur, & montre les talons :

Son bouclier laissé, comme un poids inutile,
Rend sa fuite plus prompte & son corps plus agile.

D'un horrible caillou, que lance Barbotteau,
Le Prince Croquelard est atteint au cerveau.
Le crâne est enfoncé, la cervelle fumante
Tombe du nez sanglant dans la bouche écumante;
Le sang soüille la terre, & roule à gros boüillons.

Couchenboüé après luy par le gros Despoëlons
Est blessé d'un long dard. Une nuit éternelle
Sous un profond sommeil accable sa prunelle.

Coax au même instant attaque Longmuseau,
Le saisit par le pied, le renverse dans l'eau,
Luy saute sur le dos, & d'une noble audace
Au milieu du limon le domte & le terrasse.

Pillemiette, témoin de tant d'affreuses morts,
Fait, pour venger les siens, de généreux efforts.
Crottin est le premier que sa lance foudroie :
D'un grand coup il l'éventre, & luy perce le foie.
Crottin tombe à ses pieds. L'ame fuyant du corps,
Vole triste & plaintive au rivage des Morts.
L'imprudent Patroüillard emplit sa main de boüe :
Du valeureux Guerrier il en couvre la joüe.

Pillemiette voit trouble. Un si cruel affront
Le fait pleurer de rage, & luy ride le front.
Furieux il saisit une effroïable pierre,
Enorme & lourde masse attachée à la terre.
Ce trait, qu'avec roideur lance une adroite main,
Au Citoyen des eaux porte un coup inhumain;
Luy rompt la jambe droite. Il tombe à la renverse:
Le sable autour de luy s'éléve & se disperse.

Mais enfin Pillemiette est luy-même domté.
Rauquevoix contre luy marche plein de fierté,
Et luy plongeant sa pique au milieu des entrailles,
Des deux braves guerriers vange les funerailles.
Le dard, au même instant brusquement retiré,
Entraîne l'intestin dont il est entouré.

Pillegrain à ses pieds voit tomber Pillemiette:
Mais un soin plus pressant l'agite, l'inquiete.
Blessé luy-même, il fuit. La crainte du trépas
Vers un fossé voisin précipite ses pas.

D'autre part, aspirant à de nobles dépoüilles,
Deux Chefs, le Roy des Rats & le Roy des Grenoüilles,
Se joignent. Rodilard, moins fort, mais plus adroit,
A Bouffard porte un coup, & l'atteint au pié droit.

Bouffard fuit. Animé d'une ardeur vangeresse,

Rodilard sous les eaux le poursuit & le presse.

Le fidéle Barbot, en ce danger pressant,

Accourt, fend la mêlée, & lance un dard perçant :

Mais par le bouclier la lance est repoussée,

Et du jonc dangereux la pointe est émoussée.

Entre les Chefs des Rats fut un jeune Guerrier;

Tout cédoit aux efforts de son bras meurtrier.

Du Demon des combats épouventable image,

Fier, cruel, la colére enflammoit son visage.

C'étoit le digne fils du vieux Percebuffet,

Qui luy-même en son tems fut un Heros parfait.

Le fils, semblable au Pere, intrepide, indomtable,

Meridarpax ( ce nom est encor redoutable. )

Loin de tous, avancé jusqu'au bord de l'étang,

Prétendoit seul l'enfler de corps morts & de sang.

Il l'eût fait ( car sa force égaloit son courage )

Si le Pere des Dieux n'eût prévenu l'orage.

Aux cris de la Grenoüille enfin ouvrant son cœur,

O Ciel! ( dit Jupiter ) quoy donc ; le Rat vainqueur

Veut-il de l'Amphibie exterminer l'engeance?

Ah! c'est pousser trop loin l'ardeur de la vengeance.

B iiij

Ne délibérons plus. Le tems presse. Va Mars,
Rassemble des Vaincus les escadrons épars.
Ou toy, Minerve, oppose à ce bras homicide
Ta pique inévitable, & ton affreuse Egide.

Mon Pere ( répond Mars ) nos efforts seroient vains.
En vain Pallas & moy nous armerions nos mains.
Pour arrêter des Rats la vaillance funeste,
Unissez les efforts de la troupe Celeste :
Descendons tous ensemble ; ou bien lancez sur eux
Cet effroyable dard, ce dard impetueux,
Qui domta des Titans les cohortes rebelles,
Qui renversa sur eux leurs pesantes échelles,
Qui fit cheoir Encelade, & Gygés, & Mimas,
Et du cruel Typhon desarma les cent bras.

Mars se taît. Jupiter prend en main son tonnerre,
Et d'un bruit menaçant épouvante la Terre.
L'Olympe est ébranlé. Le foudre au même instant
Se trace dans la nuë un sillon éclatant.
En cet affreux moment tout tremble dans le monde :
Tout tremble, Rats sur terre, & Grenoüilles sous l'onde.

Mais bien-tôt, condamnant une vaine frayeur,
Le Peuple Souriquois rappelle sa vigueur,

Ne donne aucune tréve aux Grenoüilles timides,
Et du sang ennemi teint les plaines humides.

Enfin, las de tonner, & desarmant sa main,
Le Roy des Dieux oppose au Vainqueur inhumain
Un horrible escadron d'épouventables Bêtes.
Ces nouveaux Combattans ont huit pieds & deux têtes.
Leur dos est une enclume, & comme leur regard
Leurs pas de tous côtez s'adressent au hazard.
Leur corps est revêtu de solides écailles :
Leurs dents sont des ciseaux, & leurs pieds des tenailles.

Ces Monstres imprévûs se jettent sur les Rats,
Leur moissonnent la queuë, & les pieds & les bras.
Les lances rebroussoient contre leur cuir solide.
Le plus hardi Guerrier, comme le plus timide,
N'attendant pas pour fuir qu'il soit estropié,
Se cherche un sûr asyle, & lâche enfin le pié.
Le Soleil d'autre part se cache sous la Terre,
Et l'espace d'un jour termine cette Guerre.

F I N.

# LES
# CERISES
## RENVERSÉES.

### POËME HEROÏQUE.

A PARIS,

Chez PIERRE-FRANÇOIS GIFFART, ruë
S. Jacques, à l'Image Sainte Therese.

M. DCC. XVII.
*Avec Approbation & Privilége du Roy.*

## SUJET DU POËME.

*Deux Dames avec un Cavalier paſſoient dans la ruë ſaint Germain l'Auxerrois. Leur Caroſſe acroché par une charette, renverſa un panier de Ceriſes. La Fruitiere & toutes ſes voiſines ſe jetterent aux Portieres, & ſaiſirent les Rênes des Chevaux. Il fallut, pour s'en débaraſſer, payer le dommage. Voilà tout le ſujet du Poëme.*

# LES
# CERISES RENVERSÉES.
## POËME HEROÏQUE.

___

#### CHANT PREMIER.

E chante ce combat, où tout couvert
de gloire
Damon près du Pont-neuf remporta la
victoire ;
Où son cœur genereux, pour deux fois dix-huit sous,
Sçut d'un peuple en fureur appaiser le courroux.
   Muse, qui du clocher de la Samaritaine
Vis de loin ses exploits, viens animer ma veine ;
Viens m'apprendre comment ce Heros indomté
Sçut mêler la prudence à la témérité.
Conte-moi le péril où se trouvérent prises
Les Dames dont le char renversa des cerises ;

Et dis-moi par quel art Damon sçut ménager
La gloire du beau séxe, & vaincre le danger.

 Le Soleil, fatigué de parcourir le monde,
Précipitoit ses pas pour se plonger dans l'Onde;
Et déja du Pont-neuf les enroüez Chanteurs,
Pour chercher à souper, quittoient leurs Auditeurs.
Lorsqu'en un char doré deux Dames arrêtées,
D'une Troupe insolente indignement traitées,
Portérent à Damon, du spectacle surpris,
En luy tendant les mains, leurs regards & leurs cris.
Là cent voix de faucet, dans les airs confonduës,
Leur crioient, Payez-nous nos cerises perduës
Que vos maudits chevaux, en voulant avancer,
Sur le pavé poudreux viennent de renverser.

 En vain l'aimable Eglé, du desordre troublée,
De son char exhortoit la criarde assemblée ;
En vain elle essaïa contre ces furieux
L'art de persuader qu'elle a receu des Dieux.

 D'autre part la Discorde à la forte poitrine,
Prêtant des tons aigus à la troupe mutine,
Des hales, du marché, par chemins differens,
De nouveaux bataillons épaississoit les rangs.

 Damon voit le péril, entre au champ de bataille,
Monte sur une borne. Ecoutez-moi, Canaille,

Cria-t-il. On se taît. Chacun de tous côtez
Tient sur le Harangueur les regards arrêtez.
Tel on vit autrefois le Chantre de la Thrace,
Par ses divins accens suspendre sa disgrace;
Quand, respirant le sang, le carnage & l'horreur,
Des femmes pour le perdre accouroient en fureur.
Ou plutôt comme on voit sur les mers orageuses
Bruire & s'entrepousser les vagues écumeuses,
L'Eau s'élancer en l'air, les Autans irritez
Exercer à l'envy leurs poulmons agitez;
Alors Neptune sort de ses grottes profondes,
Donne un coup de trident, calme, aplanit les Ondes;
Ainsi l'on voit Damon en élevant sa voix
Rendre muets d'un mot cent gosiers à la fois.

 Mutins, leur crioit-il, quelle brutale envie
Dans un combat douteux vous fait risquer la vie.
Aveugles, vous suivez un aveugle courroux.
Vous attaquez Eglé. Quoi! la connoissez-vous?
Vous osez insulter son aimable Cousine!
Pouvez-vous ignorer leur illustre origine!
Ah! si vous n'écoutez ni respect ni raison,
Appréhendez du moins la mort ou la prison.

Le silence regnoit, & la Troupe rétive
A l'éloquent Damon se rendoit attentive,
Quand les rênes en main, le coupable Cocher,
Profitant du sermon, commença de toucher.

La Troupe, à cet aspect reprenant sa furie,
Laisse-là le prêcheur qui se démeine & crie.
Les valets vainement occupent le chemin,
Pour former une digue à ce Peuple mutin.
Comme un torrent, grossi par un nouvel orage,
Renverse arbres, rochers, qu'il trouve en son passage.
Tout de même l'on voit ce Peuple revolté
De la Gent bigarrée abatre la fierté.
Mais c'est assez chanter, & pour reprendre haleine,
Allons rêver un peu sur les bords d'Hippocréne.

CHANT

# CHANT II.

Cependant la Discorde, aux cheveux hériſſez,
A grands coups de ſerpens hâtoit les moins
preſſez.
La Crainte, la Pâleur, à ſon ordre renduës,
Environnoient déja les Dames éperduës ;
Et pour fixer le char, à guiſe de crampons,
S'alongeoient mille bras à pattes de chapons.
En vain l'adroit Cocher, dégageant les portieres,
Fait claquer ſon foüet de diverſes manieres.
Cent autres bras nerveux, ſecondant les premiers,
En gagnant les devants ſaiſiſſent les courſiers.
 Telle on voit quelquefois, ſur la mer agitée,
Par deux vents oppoſez une nef arrêtée.
 Les Palefrois fougueux, ſous la main bondiſſants,
Rongeoient leurs freins dorez d'écume blanchiſſants.

Champagne, l'Adonis des Beautez subalternes;
Le Basque aux pieds légers, l'ornement des Tavernes,
Picard, la Fleur, & vingt que je ne nomme pas,
Dans ce combat fameux signalérent leurs bras.

Mais qui pourroit compter les cottes dégraffées,
Les collets déchirez, les têtes décoëffées,
Les claques, les soufflets, les coups de poings receus,
Les coups de pieds donnez bien plutôt qu'aperceus.
Alors on vit, dit-on, ( n'importe qu'on le croye )
En l'air les mêmes Dieux qu'Homere vit dans Troye.
Là s'avance Junon d'un pas grave & réglé,
Et d'abord prend parti pour la craintive Eglé.
Fuiez dans les Enfers, vaines terreurs, dit-elle,
J'oppose à vos efforts ma présence immortelle.

D'autre part la Discorde, & le terrible Mars,
Dans le parti contraire armoient de toutes parts :
Quand Damon rebuté de perdre ses paroles ;
Pour rendre le bon sens à tant de têtes foles,
Il faut, je le vois bien, dit-il, joindre à la fois,
Pour mieux persuader, le geste avec la voix.

Par ce bâton noüeux la raison mieux prouvée
Se fera respecter. Puis, la canne levée,
Il saute en bas, il court. La Déesse aux grands yeux,
Minerve l'arrêtant. Quel transport furieux
T'agite en ce moment ! Ecoute, lui dit-elle,
Voicy le seul moyen de finir la querelle.
Ouvre ta bourse, cours, & d'un pas diligent
Va-t'en trouver les Chefs, offre-leur de l'argent.
C'est ainsi qu'autrefois Priam quittant sa Ville,
Fut racheter Hector des mains du fier Achille.
Elle dit. Et Damon, sans autre compliment,
Hausse la voix. Parlons d'un accommodement.
C'est Minerve elle-même à présent qui m'inspire.
Je paye le dommage, & que l'on se retire.

 Pour la seconde fois les Mutins confondus
Se taisent; leurs esprits demeurent suspendus.
A la tempête on voit succéder la bonace.
Le silence banni vient reprendre la place.
Tel qui le poing levé répandoit la terreur,
Reste immobile & sent rallentir sa fureur;

C ij

Tous étoient attentifs : quand un Filou s'approche,
Et côtoyant Damon met la main dans sa poche,
Tire la bourse, fuit, comme l'adroit Chasseur,
Du jeune Lionceau diligent ravisseur,
Qui craignant le retour de la mere en furie,
Assure par sa fuite & sa proye & sa vie.
Le peuple, de l'accord paroissant satisfait,
Veut voir joindre aussi-tôt la promesse à l'effet.
Tous entourent Damon. Le captif équipage,
Tout à coup délaissé, s'ouvre un libre passage.
Le prudent Conducteur, du peril dégagé,
Touche les fiers Coursiers, part sans prendre congé.

# CHANT III.

PHœbus, prêt à finir sa brillante carriere,
Lançoit obliquement quelques traits de lumiere.
Des nuages confus la vaste obscurité
De ses derniers rayons éteignoit la clarté.
  Eglé fuïoit alors, du danger garantie,
Et laissoit à Damon achever la partie ;
Pendant qu'autour de luy mille bras avancez
Demandoient à la fois d'être récompensez.
Il foüille en son bourson, n'y trouve rien, se trouble.
Il cherche dans sa poche ; encor moins, pas un double.
Il cherche en l'autre poche, & dedans & dehors,
Visite tout confus & veste & juste-au-corps,
Réitere vingt fois sa recherche frivole.
L'étonnement s'accroît, luy coupe la parole.

En cet état douceux il ne sçait que choisir.

Fuïr seroit le plus sûr. La peur le vient saisir.

Il demeure stupide en sa triste aventure.

La Tourbe s'en émeut, parle bas, puis murmure,

Puis éleve la voix, & redouble les cris.

Minerve accourt, Damon rappelle ses esprits,

Cherche à se dégager de la troupe profane,

Fait sur les plus hâtez pleuvoir des coups de canne ;

Il se bat en retraite, & gagnant le terrain,

Minerve à reculons le conduit par la main ;

Il atrape le Quay. Là réside un Libraire,

Des nouveautez du temps riche dépositaire,

On y voit chaque jour sur les bords étalez,

De maint & maint Auteur les titres empoulez.

 C'est-Là que s'arrêtant, d'une guerriere audace

Damon aux plus hardis fait deserter la place.

La Déesse l'anime en ce pressant besoin,

Guide ses coups, les pousse & de près & de loin.

Tel assailli des chiens, lassé, mis hors d'haleine,

Est un fier sanglier acculé contre un chêne,

Qui rappellant ſa force en ce dernier combat,
A grands coups de défenſe atteint, déchire, abbat.
Ainſi combat Damon. Quand la foule imprudente
Renverſe en ſe pouſſant la boutique ſçavante.
Deux cents volumes nœufs, en un tas ramaſſez,
Du Parapet dans l'eau ſe trouvent diſperſez.
Vieux & nouveaux, tout tombe, & le triſte Libraire
Voit voltiger en l'air ſon dernier exemplaire.

O fortune ennemie, où me vois-je réduit !
Jour malheureux, dit-il, plutôt funeſte nuit !
O mes galands Auteurs abîmez dans la Seine,
Ecoutez mes regrets, venez finir ma peine !
Auteurs qui du bon ſens renfermiez les tréſors,
Qui ſortant du Palais veniez parer nos bords ;
Pourquoy, précipitez juſqu'au plus creux de l'Onde,
N'êtes-vous pas témoins de ma douleur profonde ?
Quel magique pouvoir dans le ſiecle avenir
De vos noms oubliez fera reſſouvenir ?

Ainſi ſe lamentoit le malheureux Libraire.
Telle on voit Philomele en un bois ſolitaire

Faire entendre aux Echos, par ſes douloureux cris,
Qu'un cruel Laboureur a ravi ſes petits.

 Mercure en ce moment vers la voûte étoilée,
Pour boire le Nectar, reprenoit ſa volée,
Quand l'oreille attentive à ces lugubres ſons,
Il reconnoît la voix d'un de ſes Nourriſſons.
Sa tendreſſe s'émeut. Du Ciel il enviſage
Du malheureux Marchand le deſaſtreux naufrage;
Il deſcend, pour calmer l'excez de ſon ennui,
Et d'un vol ſuſpendu plane au-deſſus de lui.

 Le Marchand l'aperçoit. Favorable Mercure,
Equitable témoin de ma triſte aventure,
Cria-t'il, tu me vois accablé de douleur;
Si jamais des Marchands tu fus le protecteur,
Sois aujourd'huy ſenſible au coup qui me deſole.

 Mercure gravement prend alors la parole.
Je ſçay quelle eſt ta perte, & j'en ay du regret;
Mais du ſort ennemi c'eſt l'injuſte decret.
Ces chefs-d'œuvres galands, dont tu pleures l'abſence,
Periſſent preſque tous au point de leur naiſſance;

Avortons malheureux dont le brillant deſtin,

Comme aux plus belles fleurs, ne dure qu'un matin.

Va donc, ſans frapper l'air de tes plaintes funeſtes,

De tes Auteurs noyez pêcher les triſtes reſtes;

Deſcens. Mais qu'aperçoi-je ? O prodige nouveau !

J'en revois quelques-uns qui reviennent ſur l'eau !

Le nombre en eſt petit. Vois-tu comme à la nage

Un favorable vent les repouſſe au rivage;

Le reſte ſous les flots demeure enſeveli,

Et juſtement merite un éternel oubli.

Mais ne t'afflige point d'une perte legere;

Les bons ſont échapez; j'y fais mettre l'enchere,

Et devant que la Lune ait montré ſon croiſſant,

Un ſeul pour le profit t'en vaudra plus de cent.

Minerve cependant, du danger alarmée,

Pour dégager Damon parle à la Renommée.

Il nous faut de l'argent, Damon en a promis,

Luy dit-elle, dépêche; avertis ſes amis,

Qu'ils viennent promptement, ſi ſon peril les touche.

La Déeſſe aux cent voix met la trompette en bouche,

Fait retentir au loin les Echos redoublez.

Parmy les Spectateurs de tous lieux rassemblez,

Un ami de Damon l'entend, accourt, se presse,

Des coudes & des poings écarte, fend la presse.

 Prens courage, Damon, dit-il, je viens t'aider.

Te faut-il de l'argent? Tu n'as qu'à demander.

Minerve alors s'approche, & luy parle à l'oreille,

Il luy donne sa bourse. O subite merveille!

Cette paix, ou des Dieux travailloient vainement,

La moitié d'un éc<sup>u</sup> la fait en un moment.

## FIN.

A PARIS,

Des Caracteres & de l'Imprimerie de J. COLLOMBAT
Imprimeur ordinaire du Roy.

*Aux dépens de M<sup>r</sup>. L. H.*

M. DCC. XVII.

## APPROBATION.

J'Ay lû par ordre de Monseigneur le Chancelier deux petits Ouvrages qui ont pour titre : *La Batrachomyomachie d'Homere traduite en vers François ; & les Cerises renversées , Poëme Heroïque* : & j'ay crû que le Public verroit avec plaisir ces ingenieux badinages. Fait à Paris ce 22. de Septembre 1717. MASSIEU.

## PRIVILEGE DU ROY.

LOUIS, PAR LA GRACE DE DIEU, ROY DE FRANCE ET DE NAVARRE : A nos amez & feaux Conseillers les Gens tenans nos Cours de Parlement, Maistres des Requestes ordinaires de notre Hôtel, Grand Conseil, Prevost de Paris, Baillifs, Senechaux, leurs Lieutenans Civils, & autres nos Justiciers qu'il appartiendra, SALUT. Notre bien-amé le Sieur * * * Nous ayant fait supplier de luy accorder nos Lettres de permission pour l'impression d'un Livre intitulé, *Batrachomyomachie*, ou *Combat des Rats avec les Grenoüilles, traduction en vers François : Les Cerises Renversées, Poëme Heroïque ;* Nous avons permis & permettons par ces Presentes audit sieur * * * de faire imprimer ledit Livre en telle forme, marge, caractere, & autant de fois que bon luy semblera, & de le faire vendre & debiter par tout notre Royaume, pendant le temps de trois années consecutives, à compter du jour de la datte desdites Presentes. Faisons défenses à tous Libraires, Imprimeurs & autres personnes de quelque qualité & condition qu'elles soient d'en introduire d'impression étrangere dans aucun lieu de notre obéïssance : à la charge que ces Presentes seront enregistrées tout au long sur le Registre de la Communauté des Libraires & Imprimeurs de Paris, & ce dans trois mois de la datte d'icelles : que l'impression dudit Livre sera faite dans notre Royaume & non ailleurs, en bon papier & en beaux caracteres, conformément aux Reglemens de la Librairie ; & qu'avant que de l'exposer en vente, il en sera mis deux Exemplaires dans notre Bibliotheque publique, un dans celle de notre Château du Louvre, & un dans celle de notre tres-cher & feal Chevalier Chancelier de France le Sieur Daguesseau : le tout à peine de nullité des Presentes. Du contenu desquelles vous mandons & enjoignons de faire joüir l'Exposant ou ses ayans cause, pleinement & paisiblement, sans souffrir qu'il leur soit fait aucun trouble ou empêchement. Voulons qu'à la copie desdites Presentes, qui sera imprimée

au commencement ou à la fin dudit Livre, foy foit ajoûtée comme à l'Original: Commandons au premier notre Huissier ou Sergent de faire pour l'execution d'icelles tous actes requis & necessaires, sans demander autre permission, & nonobstant Clameur de Haro, Charte Normande & Lettres à ce contraires : CAR tel est notre plaisir. Donné à Paris le septiéme jour du mois de Septembre, l'an de grace mil sept cens dix-sept : Et de notre regne le troisiéme.
Par le Roy en son Conseil, DE S. HILAIRE.

Il est ordonné par l'Edit du Roy du mois d'Aoust 1686. & Arrests de son Conseil, que les Livres dont l'impression se permet par Privilege de Sa Majesté, ne pourront être vendus que par un Libraire ou Imprimeur.

*Registré sur le Registre IV. de la Communauté des Libraires & Imprimeurs de Paris, page 210. N. 140. conformément aux Reglemens, & notamment à l'Arrest du Conseil du 13. Aoust 1703. A Paris le 10. Septembre 1717.* DE LAULNE, *Syndic.*

www.ingramcontent.com/pod-product-compliance
Lightning Source LLC
Chambersburg PA
CBHW060459050426
42451CB00009B/718